M. l'abbé L. DUCROCQ.

Béhanzin s'ennuie

Extrait de la Revue de Lille, Juillet 1906

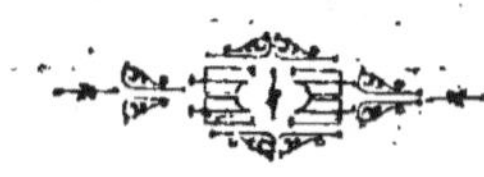

SUEUR-CHARRUEY, ÉDITEUR, ARRAS

PARIS, 41, rue de Vaugirard.

M. l'abbé L. DUCROCQ.

Béhanzin s'ennuie

Extrait de la **Revue de Lille**, Juillet 1906

8° Lk¹¹ 882

SUEUR-CHARRUEY, ÉDITEUR, ARRAS

PARIS, 41, rue de Vaugirard.

BEHANZIN S'ENNUIE

TRIPTYQUE

A la suite d'une campagne entreprise dans la presse et auprès du Parlement, Béhanzin, l'ancien roi du Dahomey, a obtenu de quitter sa résidence de la Martinique. Le gouvernement français l'installe à Blida, sur ce sol africain dont il avait la nostalgie.

A Blida, dans sa gracieuse villa *la Paisible* (en fait de nom, pouvait-on mieux choisir) ? Béhanzin s'ennuie à mourir.

Il s'ennuie, malgré ses pipes, malgré l'alcool, malgré ses femmes, malgré sa cour, malgré mille divertissements organisés en son honneur.

Le vieux roi se déprime, il dépérit. D'aucuns prétendent l'avoir entendu fredonner l'air fameux :

> *Rendez-moi ma patrie*
> *Ou laissez-moi mourir !*

Pourquoi garder captive cette victime de l'avidité coloniale ? Que ne lui rend-on son Dahomey, sa capitale Abomey, à ce pauvre monarque déchu ?

Il fait pitié, après tout !

ABOMEY

———

(Chœur des journaux humanitaires).

Un ciel cru. Est-il indigo, est-il cobalt ?... Il s'y mêle, en tout cas, des vibrations fulgurantes, des lueurs rouges qui éblouissent et forcent l'œil à se fermer. Sur la terre jaune, le soleil, fournaise surchauffée, darde ses rayons. Bien qu'amis de la chaleur, les bananiers, les grands palmiers à l'huile frémissent et semblent demander grâce. Implacable, la chaleur des maisons réverbère la lumière aveuglante.

Abomey !

Abomey, c'est la capitale. Voici le palais du roi. Un mur de vingt pieds de haut l'entoure, bâti en terre sèche, crépie à la chaux.

Ça et là, des peintures symboliques ; fresques rouges grossièrement faites : animaux fantastiques, monstres dévorant des hommes, caïmans, féticheurs égorgeant des malheureux agenouillés devant eux ou torturant des hommes et des femmes empalés.

Sur ce mur, de distance en distance, des crochets de fer. Sur chaque crochet, une tête humaine souvent renouvelée. La chair des plus anciennes semble momifiée, racornie. Les autres, fraîchement coupées, dégoûtent encore d'un sang vermeil.

Cette couronne de têtes est l'ornement obligatoire de toutes les résidences royales.

Là où vous voyez des amas de têtes coupées, des monceaux d'ossements entassés, vous pouvez dire, sûrs de ne pas vous tromper : Le roi demeure ici.

Abomey !

Abomey, c'est le sarcophage des rois dahoméens. Et jamais ce mot sarcophage, qui signifie *mangeur de chair*, n'a été mieux appliqué qu'ici. La terre du Dahomey, c'est le Moloch africain toujours assoiffé de sang.

Le tombeau royal se trouve au centre d'un immense souterrain creusé de main d'homme. Sur le sol, un cénotaphe, que surmonte un cercueil d'argile.

Mais cette argile a été pétrie dans le sang de centaines de malheureux captifs. Sous la tête du roi mort, on place les crânes des rois qu'il a vaincus. Autour de lui, et partout dans la caverne, ce sont des crânes encore, des crânes et des ossements de ses victimes.

Abomey !

Abomey, c'est la ville de la *Grande-Coutume.*

Dix-huit mois après les funérailles sanglantes du monarque défunt, son successeur fait son entrée dans la grotte funéraire.

D'une voix sombre, il annonce au feu roi la fête prochaine de son couronnement. Mais il faut des messagers pour lui en porter la nouvelle dans l'autre monde. A cet effet, des milliers de victimes sont encore égorgées. Avec leur sang, on pétrit un nouveau vase d'argile. C'est ce vase qui sera l'urne funéraire définitive du prédécesseur. Il contiendra ses restes.

Après quoi, c'est la fête du couteau, la fête de l'égorgement.

Chaque jour, une autre moisson de têtes tombe et jonche la terre.

Abomey !

Ces têtes coupées, chaque nouveau roi les juge sans doute très décoratives, car, chaque jour, on les renouvelle sur les piquets qui bordent la porte royale.

L'étranger qui y pénétre, appelé par l'ordre impérieux du monarque, trébuche dans des mares de sang. Les guides s'arrangent toujours, du reste, pour le faire passer par des chemins rouges, bordés de têtes coupées, de cadavres putréfiés, gisant pêle-mêle à côté d'autres dont la chair pantelante palpite encore, avec (comble d'horreur) ! des soubresauts spasmodiques.

Le roi du Dahomey fait volontiers assister les fonctionnaires européens à ses tueries. Il exige qu'ils viennent en grand uniforme. L'habit galonné, chamarré d'or, a le don d'enthousiasmer, d'hypnotiser ce moricaud et son peuple. Ce roitelet se sent grandi par ce décorum étranger. Il lui semble que l'Europe lui rend hommage, qu'elle s'humilie en vassale devant sa puissance.

Abomey !

Aujourd'hui, Béhanzin reçoit M. Bayol, gouverneur français de la *Côte des Esclaves.*

Béhanzin n'est encore que le prince *Condo* ; car son vieux père Glé-Glé vit toujours. Seulement, le bonhomme, rabougri, abruti, émacié par des excès de toutes sortes, se repose en toute confiance sur le savoir-faire de son rejeton. Aussi, se décharge-t-il sur lui des soucis du gouvernement, sûr de sa fourberie, de sa haine contre la France.

M. Bayol a eu le tort de mépriser les conseils de nos missionnaires, de l'héroïque Père Dorgère en particulier. Il est venu se jeter dans la gueule du loup africain. Je dis *loup* pour employer l'expression courante : mais le mot *tigre* conviendrait beaucoup mieux.

Tout récemment, Béhanzin, insultant à la France, n'a pas craint de venir faire ses razzias de victimes humaines à l'ombre même de notre drapeau.

Le gouverneur s'imagine qu'il va lui en imposer par ses conseils, par ses présents, par ses menaces.

Quelle erreur est la sienne !

Pour commencer, on le traite en prisonnier de guerre ; on le force à se soumettre à un cérémonial des plus humiliants.

En imposer à Béhanzin, cet homme blanc ! On va lui montrer ce qu'est un potentat africain.

La grande fantasia, d'abord !

Béhanzin Alidjéri-Hussubowélé signifie dans la langue du pays : « Le monde a eu un œuf. La terre l'a montré. C'est un roi requin. »

Béhanzin, le bien nommé, est assis à l'ombre du grand parasol royal sur lequel un caïman est brodé.

C'est un grand gaillard, fortement musclé, mais dont le facies éraillé accuse l'abus prématuré de toutes les jouissances. Il a le nez large, épaté, les lèvres épaisses, sensuelles, les oreilles collées sur le crâne. Son menton se termine par une barbe pointue, aux poils rares. Par moments, ses yeux fuyants pétillent de cruauté et de malice.

Sur ses cheveux crépus, il porte un couvre-chef, symbole de sa noblesse (1).

Ses pieds nus s'agitent dans des sandales. Il s'enveloppe d'un pagne aux rayures voyantes.

Autour de lui, le troupeau de ses femmes s'agite. Celle-ci lui présente du tabac dont il bourre sa longue pipe. Celle-là rafraîchit sa tête en balançant au-dessus d'elle un large éventail de plumes d'autruche. Cette autre essuie la sueur qui coule sur sout front pigmenté, graisseux et luisant.

En imposer à Béhanzin ! Quelle folie !

C'est Béhanzin qui va en imposer aux Français, peuplade rebelle.

Il a fait mettre sous les armes vingt mille guerriers. Quatre mille amazones sont là, coiffées de cornes de gazelles, le fusil sur l'épaule, la poire à poudre à la ceinture.

Les chasseurs d'éléphants forment la garde d'honneur. Avec le bonnet rouge, au colimaçon doré, ils portent une culotte dont la jambe droite est verte, la jambe gauche noire. Leur casaque jaune, sans manches, se termine par une queue de coton rouge ou bleue.

La cérémonie commence. C'est, tout d'abord, un concert : charivari formidable, tohu-bohu indescriptible de voix avinées et d'instruments étranges. Parmi les exécutants, c'est à qui fera assaut d'haleine et de poignet.

Les tams-tams gémissent, les clochettes tintinnabulent, les tambours bourdonnent, les flûtes de bambou déchirent l'air, stridentes et aiguës, pendant que les défenses d'éléphant, percées à leur fine extrémité, éclatent en rauques mugissements.

Soudain, tout se tait. C'est le salut au roi après lequel retentissent des acclamations mille fois répétées.

La fantasia, à présent, alternée de salves bruyantes.

Ce sont des charges furieuses, des contorsions inouïes, des clameurs sans nom.

La terre tremble. Les artilleurs amazones viennent de faire partir leurs vieux canons de fer et de bronze. Ils bondissent, terribles, sur leurs affûts mal assurés.

---

(1) Au Dahomey, le chapeau était réservé aux grands. Le gibus surtout était particulièrement recherché.

Il est permis ensuite, au gouverneur français, d'offrir au tyran africain les cadeaux avec lesquels il pensait l'amadouer.

Ce sont des casques, des lunettes-marines, des stéréoscopes, des pièces de soie, six douzaines de chaussettes, des boîtes à musique qui jouent *la Marseillaise* et le *Père la Victoire*, des caisses de liqueurs (1).

Béhanzin trouve ces cadeaux insignifiants.

Ses palais regorgent d'objets semblables.

Du reste, il ne cache pas qu'il a la France en piètre estime : un pays qui se laisse gouverner par une femme !...

— « Par une femme ! reprend le fonctionnaire ahuri.

— Oui ; par une femme. J'ai vu son portrait sur une pièce de cinq francs. »

Inutile d'essayer d'expliquer à ce moricaud notre système parlementaire. Il se tord dès les premiers mots et ses fidèles courtisans l'imitent.

M. Bayol est venu réclamer l'élargissement de 300 noirs faits prisonniers à l'ombre du pavillon français et dont plusieurs sont nos sujets directs.

Pour toute réponse, on attache notre représentant à un arbre. Il va assister à l'égorgement de ces malheureux.

Parmi les dignitaires qui entourent Béhanzin, il en est un, le *minghan*, ministre de la justice, qui assume en même temps les augustes fonctions du bourreau.

Ce n'est pas une sinécure.

Ce *minghan* est facilement reconnaissable. Près de lui se trouve toujours le grand bassin de cuivre, destiné à recueillir le sang.

Le bourreau s'appuie sur un énorme sabre dont la poignée est surmontée d'un coq. Avec ce sabre, il abat les têtes d'un seul coup.

Le roi vient de faire un signe. Le massacre commence. Plusieurs centaines de pauvres noirs sont là, enchaînés.

Stoïques, ils s'agenouillent, attendant leur tour.

Le bourreau est un colosse vigoureux. Un coup n'attend pas l'autre. Les malheureux, l'œil fixe, tendent le cou avec une indifférence

---

(1) En 1893, le général Dodds retrouvera tous ces objets et beaucoup d'autres.

hébétée, acquise sans doute par une longue accoutumance des scènes d'horreur et de carnage.

A une autre époque de leur vie, la mort les eût effrayés sans doute. Aujourd'hui, ils en ont tant vu que, pour eux, la mesure d'épouvante est comble. Ils n'en peuvent recevoir davantage et se prêtent au supplice avec un courage inconscient qui, pour beaucoup, n'est qu'une inaptitude à souffrir plus encore.

Cependant, les corps s'amoncellent d'un côté, les têtes forment des piles à part, de l'autre.

Une odeur de sang, âcre, fétide, empuantit l'air et se mêle à celle du rhum, qui, tout autour, coule à flots parmi les guerriers.

Mais il faut varier les plaisirs. Sur une estrade élevée sont rangées de grandes corbeilles Chacune contient un homme vivant dont la tête seule dépasse.

Tout à coup, ces corbeilles sont balancées en l'air et jetées sur la place où la foule danse, hurle, se dispute.

Comme, chez nous, les enfants des rues se précipitent et se bousculent pour ramasser les dragées que leur jette le parrain d'un baptême, ainsi hommes, femmes, enfants se renversent et luttent autour des corbeilles. C'est à qui s'en emparera. Les têtes sont arrachées, déchiquetées avec de mauvais couteaux.

Les gagnants de cette loterie sanglante vont échanger leur hideux trophée contre une filière de cauris, cordelette sur laquelle sont enfilés des petits coquillages de ce nom, et qui a une valeur marchande de deux francs cinquante.

Il reste encore un dernier groupe de noirs à massacrer.

Mais auparavant, Béhanzin a besoin de se recueillir. Il adore les fétiches nationaux, offre un verre de rhum à ses victimes.

Il boit avec eux, pendant que retentit la clameur protocolaire : « *Houssou pony ! houssou pony !* — Le roi boit ! Le roi boit ! »

Alors, on scie le cou des pauvres diables avec des couteaux ébréchés. On massacre en même temps deux chevaux et un alligator dont on mêle le sang à celui de l'humaine hécatombe (1).

---

(1) Je supplie le lecteur de me pardonner le réalisme de ce tableau. Mais, à une époque qui réserve sa pitié pour le crime et toutes ses rigueurs pour l'héroïsme et le dévouement, j'ai cru nécessaire de faire revivre ces scènes effroyables, mais historiques.

Qu'on ne croie pas surtout que j'exagère. Tous les journaux du temps ont

UNE LÉPROSERIE A MADAGASCAR

A la Chambre des députés, M. le Myre de Vilers a la parole pour raconter quels affreux ravages produit la lèpre à Madagascar.

Il ajoute : « Il faut séquestrer les malades et transformer les geôles en hôpitaux. Où trouver des gens pour s'enfermer avec eux dans cette affreuse prison et leur donner des soins ?

« Pour ceux-là, c'est l'horrible maladie presque sûrement gagnée.

« Ceux-là, cependant, M. le ministre des colonies les a trouvés. Il a fait appel aux sœurs franciscaines de Marie, qui s'en vont soigner les lépreux sur tous les points du globe où il en existe. Et, pour cela, qu'ont-elles demandé à l'Etat français ?

« La nourriture journalière, quelques sous et le billet d'aller... Quant au billet de retour, il ne saurait en être question : elles sont presque toutes atteintes de la lèpre, et préfèrent mourir au milieu de leurs pensionnaires plutôt que de rentrer en France où elles seraient un objet de répulsion et risqueraient de compromettre la santé publique.

« Risquer pendant quelques heures ou pendant quelques jours sa vie au champ de bataille ou dans une épidémie, c'est un sacrifice que consentent volontiers tous les hommes de cœur ; entrer vivant dans le sépulcre où la mort vous guette et vous atteint fatalement, est d'un courage surhumain. »

. . . .

A quinze kilomètres de Tananarive, des paillottes groupées à la débandade autour de quelques essais de constructions en briques recouvertes de chaume.

raconté ces choses. Qu'on relise en particulier le *Tour du Monde*, les *Annales de la Propagation de la foi*, *l'Illustration*, le *Monde Catholique*, etc...

Et notez que ces massacres n'avaient pas lieu seulement aux jours des Grandes Coutumes.

Pour un oui, pour un non, le roi se payait le plaisir de les recommencer.

Six cents lépreux sont venus occuper ce refuge, les uns de gré, les autres de force.

Le Malgache a une peur horrible de la lépre ; il se débarrasse des malheureux atteints de ce fléau.

Le pauvre lépreux a un sort d'autant plus triste qu'il n'a pas toujours été pour les siens un objet d'horreur. La maladie a sommeillé peut-être des années entières. Puis, un jour, excitée par je ne sais quelles influences mystérieuses, l'affreux microbe s'est éveillé. Avec une rapidité effrayante il s'est multiplié. Voici que la peau se couvre de taches violettes, que la figure se boursouffle, que la face devient léonine.

Horreur !... il n'y a plus à s'y tromper ! C'est bien la lèpre.

Le misérable est chassé de la case familiale, rejeté par les siens.

Maintenant, les religieuses françaises ont installé un abri près de la capitale. Le maudit, le renié ira là.

Pourtant, une rage sourde gronde toujours dans son âme. A la léproserie, il se rencontre avec d'autres mécontents, pour qui la vie n'a pas été plus clémente. Et tous ces parias unissent leurs colères. Du choc de ces douleurs inacceptées jaillit une haine féroce contre les êtres plus fortunés qui jouissent (crime affreux !) de la santé, de la liberté, de tous les biens qui, maintenant, sont refusés à leur misère.

Aujourd'hui, l'air est plus chaud, la tension nerveuse plus forte, la résignation plus loin que jamais.

Une révolution s'élabore secrètement dans l'asile des lépreux. Depuis quelques jours, ils complotent. L'heure de la vengeance va sonner. C'est pour aujourd'hui.

Les lépreux ont pour eux le nombre. Ils vont massacrer médecins et religieuses. Ils vont reconquérir la liberté, le droit de vivre au grand jour.

Il ne leur faut plus qu'un prétexte. Un prétexte, et la conjuration éclate ; le sang va couler.

Au réfectoire, une dispute surgit au sujet d'un plat soi-disant mal préparé.

« C'est trop fort ! Il y a trop longtemps qu'on nous traite de la sorte ! »

La bande s'excite, elle s'avance hurlante, les poings tendus, les yeux injectés de sang, vers la sœur Antoinette, chargée de servir le repas.

Sœur Antoinette, beauté radieuse, svelte, toute jeune, semble une apparition céleste, un ange descendu du ciel au milieu de cet enfer.

Pas un muscle de son visage ne tressaille. Ses grands yeux bleus, limpides, se remplissent de miséricorde. Sa bouche aimable continue à sourire.

« Mes amis, leur dit-elle, peut-être bien que la cuisine est mal faite. Oui... c'est de ma faute sans doute. Pardonnez-moi ; je ferai mieux une autre fois.

« Mais, ne croyez pas que nous autres, religieuses, nous soyons mieux partagées que vous. Tenez ; voici mon pauvre dîner. Qui en veut ?... Je m'en priverai avec bonheur pour faire plaisir à l'un d'entre-vous. »

Il y a un moment d'émotion et de silence. Mais les meneurs n'entendent pas que l'affaire se termine de la sorte : « Assez ! assez ! vocifèrent-ils. On ne nous trompera pas plus longtemps. A mort les sœurs ! à mort les médecins ! à mort ! »

Sœur Antoinette ne pâlit pas. Sans changer de visage, elle s'avance, les bras ouverts, au devant des plus furieux. « Pauvres amis, leur dit-elle, c'est la souffrance qui vous excite. Ecoutez.

« Je vous aime tellement que pour vous j'ai tout quitté. J'ai laissé mon pays ; un beau pays : la France. J'ai laissé mes richesses, une famille chérie qui m'adorait. J'ai laissé le monde et ses fêtes.

« Et cela pour me donner à vous tout entière et sans retour. A vous ma vie, à vous mes forces, à vous mon dévouement. A vous mes soins du jour et de la nuit.

« Aujourd'hui, vous exigez plus. Vous voulez mon sang. Prenez-le! Je vous le donne de grand cœur si ce sacrifice peut soulager votre misère. »

Pendant qu'elle parle, les larmes coulent, pressées, le long de ces visages flétris. Quand elle a fini, tous sont apaisés. Plusieurs, tombés à genoux, les bras tordus, les mains frissonnantes, murmurent, d'une voix étouffée par les sanglots : « Pardon !... ah ! Pardon ! » (1)

(1) Cette scène n'est pas une peinture imaginaire. Je sais la léproserie où elle a eu lieu. Je connais la sublime religieuse qui en a été l'héroïne.

Quelques mois seulement se sont écoulés depuis que Sœur Antoinette est venue apporter à la léproserie l'appoint de son humeur charmante, de sa bonté sereine, de sa joyeuse abnégation.

Choyée par des parents riches dont elle était l'espoir et la fierté, elle était à la fleur de l'âge et de la beauté quand elle entendit l'appel divin : « *Veni sequere me !* — Viens ; suis-moi ! »

Alors, sans hésiter, elle quitte tout. Adieu parents, adieu richesses ! Elle court se renfermer dans le couvent des Franciscaines de Marie, demandant qu'on fasse d'elle la servante des pauvres, des déshérités, des malheureux.

Un jour, la Supérieure a réuni la communauté : « Le Gouvernement, a-t-elle dit, me réclame cinq religieuses pour aller soigner les lépreux à Madagascar. Qui de vous se sent le courage d'aller s'enfermer pour la vie avec des malades atteints du mal le plus terrible qui puisse défigurer un être humain ?

« Réfléchissez bien. Chaque jour vous serez exposées à contracter vous-même le mal, avec la perspective de succomber après plusieurs années d'horribles souffrances. »

C'était tout réfléchi. Toutes les religieuses se sont levées, enthousiastes de se dévouer. Il a fallu tirer au sort pour savoir quelles seraient les cinq privilégiées.

Le nom de sœur Antoinette est sorti le premier.

Félicitée par ses consœurs, enviée même, Sœur Antoinette s'est embarquée à Marseille avec la joie d'une fiancée qui va rejoindre l'époux de son choix.

Pendant la traversée, grâce, à l'aide d'une ancienne religieuse missionnaire, elle s'exerce à l'étude du Malgache. Et rien n'est amusant comme son rire perlé, qui s'égrène en cascades contagieuses, lorsque se présente un de ces mots bizarres, aux syllabes interminables, dont cet idiome est si prodigue.

Sœur Antoinette apprend vite. Quelle joie ! Dès l'arrivée, elle parlera la langue de ses chers lépreux. Quelle bonne suprise pour ceux-ci !

A Tamatave, Sœur Antoinette s'est agenouillée. Elle a baisé cette terre madécasse, la plus malsaine qui existe peut-être. Mais c'est sa terre d'élection.

La voici maintenant dans sa léproserie, heureuse d'être enfermée avec ses chers malades, de vivre de leur vie, de partager la proscription que la société fait peser sur eux.

La léproserie, c'est un tombeau. En y entrant, elle s'est elle-même retranchée du monde.

Pour l'amour de Celui qui, dans sa passion, a voulu ressembler au lépreux : *Et nos putavimus eum quasi leprosum...* Sœur Antoinette a choisi de soigner le mal le plus affreux, d'avoir sans cesse sous les yeux ces plaies immondes, ces membres déjetés et hideux qui tombent en lambeaux putrides.

Comble d'héroïsme que Dieu seul peut inspirer. D'avance, elle consent à ce que ce sort soit le sien, à ce que la lèpre soit un jour son partage.

La pensée que déjà le monde la considère comme dangereuse pour la santé publique, comme contaminée même, ne la fait ni bondir ni reculer.

.   .   .   .

Sœur Antoinette vient de panser quelques malades : *Tséko*, dont les doigts et les orteils tombent phalange par phalange, *Rasola*, qui perd, morceau par morceau, son nez et ses oreilles, *Rassoua* dont les lèvres rongées disparaissent et qui n'a plus, en guise de bouche, qu'un trou sanguinolent.

Elle vient de consoler *Manéva*, aveugle depuis longtemps, mais qui, ce matin, en faisant ses ablutions, a laissé tomber un de ses yeux dans sa cuvette. « Pauvre *Manéva* ! console-toi. Tu n'en seras que plus aimé, que mieux choyé ! »

Sœur Supérieure entre sur ces entrefaites. Le courrier de France vient d'arriver. Il y a une lettre pour sœur Antoinette.

Ceux qui ont vécu loin de la patrie savent combien de telles lettres sont attendues, dévorées.

Celle-ci est longue. Contiendrait-elle de tristes nouvelles?... Voici qu'à sa lecture, les paupières de la jeune religieuse battent rapidement. Des larmes perlent au bout des cils.

Plusieurs fois, elle relit les mêmes pages qui, maintenant tremblent dans sa main.

Serait-elle victime d'un cauchemar?... Non ; elle ne rêve pas...

D'une mauvaise plaisanterie?... Impossible. C'est sœur Emélie, une amie d'enfance, qui lui écrit. Elle est trop sérieuse pour la tromper.

Eh quoi ! la France persécute la religion ! Elle ne veut plus voir la bure rugueuse, le long voile sombre des épouses du Christ.

Des femmes qui se retirent du monde pour se consacrer à l'instruction des petits et des pauvres, pour êtes prêtes à voler au secours de toutes les misères, il paraît que cela est contraire au progrès, à la lumière, aux principes modernes, à la marche ascendante des idées vers l'avenir.

Pourtant, l'an dernier encore, le Président de la République, un vieux barbu, avec une figure bonasse est arrivé au couvent avec un état-major tout doré sur tranches.

Remue-ménage dans la communauté. Il avait affaire, paraît-il, à la sœur Eudoxie. On va l'arracher à ses teigneux. Elle arrive, bougonnant un peu d'être interrompue au beau milieu d'un pansement antiseptique des plus importants.

Le Président de la République lui adresse un discours où les mots lumière et progrès, douceur et humanité se balancent et s'équilibrent.

Qu'est-ce que tout cela veut dire? Se moque-t-on d'elle ?... si c'est pour cela qu'on l'a dérangée !...

Mais voici que le Président épingle sur sa bure la croix de la Légion d'honneur et lui donne l'accolade. Pour le coup, c'est trop fort. L'ahurissement de la pauvre vieille est complet. Elle n'a pas encore compris comment son dévouement a pu être connu et lui valoir cette récompense.

Aujourd'hui, les journaux emploient les mêmes mots : lumière, progrès, douceur, humanité, pour prouver que moines, prêtres, religieuses sont des êtres contre nature, des êtres nuisibles qu'il faut supprimer.

N'en faut plus !

Des hommes noirs pénètrent dans les couvents et s'en emparent. Le fisc met à l'encan leur pauvre mobilier.

Des gendarmes, oubliant de courir après les voleurs et les assassins, s'occupent à jeter de pauvres religieuses sur la rue.

Beaucoup sont parties en exil.

Beaucoup sont mortes de chagrin. Il en est qui, dépouillées de tout, arrachées vieilles et infirmes à l'humble asile où elles comptaient se dépenser jusqu'à leur dernier soupir, ont été trouvées agonisant sur le grand chemin.

On dit qu'en Belgique et en Allemagne, un grand nombre de religieuses, ne trouvant pas à s'employer, meurent littéralement de faim.

D'autres, dénuées de ressources et n'ayant pas de maisons à l'étranger, ont dû abandonner leur saint habit, se faire domestiques, ouvrières d'usine, en proie chaque jour à la haine bestiale, aux sarcasmes grossiers, aux plaisanteries répugnantes, exposées chaque jour, maintenant que les secours spirituels leur font défaut, à voir sombrer, dans le découragement poignant et la tentation quotidienne, leur grande et sublime vocation.

Progrès, Lumière, Humanité !

Hélas !

Jusqu'ici, on ne s'est guère attaqué qu'aux congrégations enseignantes. Mais le tour des autres est proche. Le ministre l'a promis, les blocards le réclament.

Aux colonies même la loi sera appliquée dans son intégrité.

. . . .

Sœur Antoinette replie sa lettre. Elle jette un regard navré autour d'elle, un regard d'avare contemplant le trésor qu'on veut lui ravir.

Eh quoi ! On pourrait la chasser de sa léproserie, l'empêcher de soigner *Tséko, Rasola, Rassoua, Manéva* et tant d'autres !... lui interdire de se dévouer, de mourir à son poste, lépreuse s'il le faut, mais ayant achevé de tresser la couronne de son abnégation et de son martyre !

Ah ! c'en est trop. Sœur Antoinette souffre au delà de tout ce qu'on peut dire. Elle ne peut se contenir davantage.

Et devant ses lépreux, accourus surpris et désolés au bruit de sa plainte, la petite religieuse, l'âme triste jusqu'à la mort, éclate en sanglots convulsifs, déchirants.

BLIDA

Blida.

Blida, la ville des roses, un des plus jolis coins de l'Algérie.

Blida, climat doux et sain.

Blida, cité charmante, enserrée dans ses jardins que protègent des raquettes épineuses. Ça et là, des massifs d'arbousiers, de myrtes, de tamarins, d'oliviers, de palmiers et de terébinthes.

Béhanzin, retour de la Martinique, vient d'arriver à Blida. Hélas déjà Béhanzin s'ennuie.

Dans la perle des Antilles, dans sa résidence du fort Tartenson à Fort-de-France, Béhanzin s'ennuyait aussi.

Il est vrai que l'arrivée du coupeur de têtes n'avait pas eu le don d'exciter là-bas un enthousiasme pareil à celui de nos humanitaires au cœur sensible et compatissant.

Les mulâtres en particulier l'avaient accueilli par des huées. Selon leur coutume, en pareille occurrence, ils ne lui avaient pas ménagé les épithètes de « sale nègre ! »

A quoi Béhanzin, ennuyé sans doute de ne pouvoir les raccourcir, avait riposté : « Je croyais que les blancs étaient les maîtres ici. Comment peuvent-ils accepter de donner à ces gens-là le titre de citoyens français ? »

Mais voici qu'il apprend qu'il y a des mulâtres fonctionnaires, des mulâtres magistrats, des mulâtres députés, des mulâtres sénateurs.

Le Néron en retraite ne peut cacher sa stupéfaction.

Faute de pouvoir réformer un pareil état de choses, il s'en tire par un jeu d'esprit : « Le blanc, prononça-t-il, est une race et le noir une autre. Mais le mulâtre n'est d'aucune race. C'est un café au lait qui ne vaut ni le bon lait, ni le bon café pris séparément. »

A la Martinique, Béhanzin a passé son temps à recevoir des visi-

tes, à tendre la main aux militaires, à saluer les civils avec dignité, à palper avec, dans les yeux, des éclairs de convoitises, les bijoux, chaînes, bracelets, bagues de ceux et celles qui l'approchaient.

De telles occupations contrastaient tellement avec ses passe-temps ordinaires que l'on conçoit facilement qu'il en ait pris le *spleen*.

Alors, il parlait de la guerre du Dahomey, de sa guerre, vantait la résistance de ses soldats, l'acharnement de ses amazones, lançait mille malédictions aux alliés qui l'avaient trahi et ne s'apaisait qu'en déclarant qu'il faudra bien que la France lui rende son royaume.

Béhanzin a tant clamé pour retourner dans son Afrique, il a trouvé parmi nos journalistes humanitaires de si complaisants échos que son Afrique lui est enfin rendue.

Le voici installé à Blida, dans sa villa « *La Paisible* », avec sa cour, ses trois filles, ses quatre femmes et son fils.

Des badauds, qui saluent par des « *couacs !* » retentissants nos sublimes missionnaires, nos vaillantes religieuses, l'ont accueilli par des cris nourris de : « Vive Béhanzin ! »

Sa Majesté nègre a daigné répondre par un geste satisfait : « Amis, tous amis ! »

Encore, ces quelques mots, son fils a dû les lui souffler, car Béhanzin n'a pas daigné apprendre le français.

A Blida, ce ne sont que fêtes, parties organisées en son honneur. Mais Béhanzin reste pensif, lugubre et morne. Béhanzin ne veut pas se laisser distraire, Béhanzin refuse d'être consolé.

C'est en vain que le gouvernement le décharge du loyer de sa villa.

C'est en vain qu'il porte le chiffre de sa pension de dix mille à dix-huit mille francs.

C'est en vain qu'on lui procure les quarante cigares qu'il fume chaque jour dans sa longue pipe d'argent, symbole de sa dignité.

C'est en vain que son maître-d'hôtel veille à ce que sa vaisselle ne serve qu'à son usage, en vain qu'il écarte scrupuleusement de sa table le porc abhorré.

C'est en vain que son maître-queux lui montre chaque jour, avec preuves à l'appui, que les volailles qu'on lui sert sont des poulets noirs n'ayant que cinq ongles.

Béhanzin ne se déride pas. Béhanzin reste sombre. A voir son œil rêveur, perdu dans le vague, on peut se demander : « Quell nostalgie est la sienne ? Où vont ses cuisants regrets ?... A son royaume, à Abomey, sa capitale,ou à ses tueries, à ses charniers ? »

A Blida, Béhanzin, ombragé par le parasol royal, vêtu d'un grand manteau de velours noir semé de fleurs mauves, coiffé d'une sorte de béguin, le sceptre d'ivoire d'une main, la pipe de l'autre,accepte, d'une même indifférence, les offres de son porte-crachoir, les services de son porte-évantail, les hommages de ses femmes et de son fils qui, pourtant, ne lui parlent qu'à genoux et ne se relèvent que sur son invitation.

Et voici que nous apprenons que le prince *Ouanilo*, élevé à la française cependant, au lieu de s'employer à calmer les regrets de son père, se laisse aller lui-même à une mélancolie profonde.

Finalement, il vient de tenter (inutilement du reste) de se suicider en absorbant une décoction d'allumettes.»

Sur sa table, on a trouvé une lettre où il déclare que Blida manque par trop de distractions. En terminant,il supplie le gouvernement de la République de rapatrier son père.

Nul doute qu'en apprenant cette nouvelle, plus d'un de nos journalistes humanitaires s'est écrié : « Qu'on renvoie donc ce pauvre bougre dans son Dahomey ! tout cela est par trop cruel, à la fin des fins. On devrait se souvenir que Victor Hugo a écrit :

Ah ! n'exilons personne ; ah ! l'exil est impie.

Et, ce jour même, nos doux Jacobins ont applaudi au décret qui chasse de France des milliers de religieux, de religieuses à qui on ne peut reprocher d'autre crime que leur dévouement sans mesure au prochain, à Dieu, à la France.

A chaque instant on apprend que l'un de ces bannis est mort de chagrin, un autre de faim, un autre de misère. Il (t joli votre

Ah ! n'exilons personne !... .

— Permettez, expliquent nos Jacobins modernes. Ne confondons pas. Il s'agit de défendre les prérogatives de la société actuelle contre les assauts de la réaction cléricale. Plus d'états contre nature, mais le progrès, la marche ascendante vers l'idéale lumière !...

— Ouf !...

Je me souviens que Robespierre était, lui aussi, un homme sensible.

Machinalement, mes yeux se portent sur un cadre suspendu dans un coin de ma chambre. Sur un fond rouge sont étalés quelques assignats, souvenirs de la grande Révolution que m'ont légués mes grands parents.

Sur l'un d'eux, je lis la formule fameuse : « *La liberté ou la mort !* »

Comme c'est cela !

Au point de vue de la franchise, nos sectaires actuels sont inférieurs à Béhanzin.

Avec lui du moins, on savait de suite à quoi s'en tenir.

———

Arras. — Imp. H. LANTHIER, rue des Balances, 10.

Arras, Imprimerie H. LANTHIER, 10, rue des Balances

www.ingramcontent.com/pod-product-compliance
Lightning Source LLC
LaVergne TN
LVHW051139060726
842526LV00006B/2142